仏教からみた念仏成仏の教え

小川一乗

法藏館

仏教からみた念仏成仏の教え　目次

凡　例

一、引用文献、および本文の漢字は、常用体のあるものは、常用体を使用した。

一、漢文の引用文献は、書き下し文にして引用した。

一、引用文献は、以下のように略記する。

『真宗聖典』（東本願寺出版部刊）……………………「聖典」

『真宗聖教全書』……………………………………「真聖全」

仏教からみた念仏成仏の教え

一、真宗は「念仏成仏」の教え

一　本願念仏

浄土真宗は、「本願念仏《ほんがんねんぶつ》」の教えであるという言い方が定着しています。このような言い方が、いつの頃からなされているのでしょうか。それを詮索してもあまり意味がありませんが、この「本願念仏の教え」という言い方について、親鸞聖人は、「本願念仏」というお言葉をどれほどお使いになっているのでしょうか。

「本願念仏」という言い方は、皆さんもよくご存知のように、「正信念仏偈《しょうしんねんぶつげ》」に、

弥陀仏本願念仏（弥陀《みだぶつ》仏の本願念仏は）　（聖典二〇五頁）

と詠われていますが、親鸞聖人が「本願念仏」というお言葉をお聖教の中でお使いになっているのは、それだけです。

その他では、法然上人の『選択本願念仏集《せんじゃく》』という書物がございますから、その書題の中に「本願念仏」という言い方があります。したがって、浄土宗とは、「本願念仏」の教えであるということの方が適切であろうかと思います。それ以外では、親鸞聖人には、門弟に宛てたお手紙がたくさんありますが、その中の一通、すなわち、『親鸞聖人血脈文集《けつみゃくもんじゅう》』の最初に収められている「笠間の念仏者のうたがいとわれたる事」という、笠間の念仏者の間で疑いがもたれている事柄に対する、ご返事のお手紙の中で、

「釈迦・弥陀・十方の諸仏、みなおなじ御こころにて、本願念仏の衆生《しゅじょう》には、かげのかたちにそえるがごとくしてはなれたまわず」とあかせり。（聖典五九五頁）

と、「本願念仏」という言い方がなされています。ちなみに、この中には、

恵心院《えしんいん》の和尚《かしょう》は『往生要集《おうじょうようしゅう》』には、本願の念仏を信楽《しんぎょう》するありさまをあらわせるには、（聖典五九五頁）

と、「本願の念仏」という言い方もあります。

このように、お聖教の中には、『教行信証』でも「正信念仏偈」以外には、「本願念仏」という言い方は使われていません。その他のお聖教にも、あるいは、ご和讃とか、『唯信鈔文意』とか『一念多念文意』とかという仮名のお聖教の中にも、「本願念仏」という言葉は使われていません。親鸞聖人のお聖教に基づく限り、「真宗は本願念仏の教えである」という言い方については、積極的な根拠はありません。もとより、「本願念仏」ということは誤りであるというわけではありません。それはそれで、真宗の教えとして大切な言葉であると思います。

しかし、「本願念仏」という言い方が定着したためでしょうか、その目的である「成仏」ということが、曖昧になってしまっているのではないかということが懸念されます。たとえば『歎異抄』第十二章には、「本願を信じ、念仏をもうさば仏になる」と、「本願を信じ」で読点が打たれ、「念仏をもうさば仏になる（念仏成仏）」という目的のために本願を信じるという構文となっているのです。したがって、「本願念仏」という言い方は、浄土真宗の教えにとって、それはそれでよいのですが、それはなんのためであるかというと、成仏のためなのです。その「成仏」という目的が、この「本願念仏」という言い方のために曖昧にされてしまっているのが、近代化された真宗教学ではなかろうかと思うのです。

二　意味不明となった成仏と浄土

このことについて、最近の仏教運動の一つにスピリチュアリティというのがありますが、その関係の方から、浄土の存在を信じない真宗僧侶は六割以上もいるという、そういうデータがあるということをお聞きしたことがあります。浄土を信じない真宗僧侶が半数以上いるという、それが事実であるとすれば、驚くべき事柄です。浄土真宗でありながら浄土を信じられなくなっているとすれば、それはどうしてなのか。浄土を信じるためには、成仏ということが明らかになっていなければなりません。そのことがはっきりしていないから、浄土も信じられなくなっているのではないでしょうか。

浄土を信じられなくなっているのは、成仏ということ、仏に成るということが問われなくなり、そのうちに「成仏」という言葉だけが残り、その意味が分からなくなってしまったということではないでしょうか。「浄土」についても同じように、言葉だけが残り、その意味が不明となり、信じられないということになっているのではないでしょうか。このためか、仏教の基本である「成仏」とは、仏教においてどういうことかが曖昧なままで、おのおのが勝手に自分に都合のよい解釈をしているか、もしくは「成仏」ということを無視している現状になっているようです。

このようなことは、真宗教学が江戸時代の宗学が明治時代になって、西欧の近代化の影響のもとで、教学も近代化されるときに、「浄土」について論争がありました。その時に、成仏とは死後に別の世界である浄土に生まれ変わっていくことであるという、輪廻転生説における生命観にも似た実在的な来世という了解がなされていたために、そのような死後に生まれ変わるということなどは、非合理的な過去の迷信であって、近代の科学的な合理主義においてはありえないことであるから、来世の浄土を説く浄土真宗は時代遅れの過去の教えであるという批判が盛んになされました。そのことに対する明確な教学的な論証が、当時の真宗教学（宗学）によってどの程度なされたのか。ともかくも、それ以後の近代化された真宗教学では、「浄土」ということと合わせて「成仏」ということもあまりいわれなくなっているようです。そのためか、成仏ということが明確にされることなく、ただ「成仏」という言葉だけが空虚に語られ、それにともなって「浄土」も不明確となった。あえていえば、そのために、「浄土」が人間の理想である自由で平等で平和な社会のように、人間の都合にあわせて語られたりするわけです。現在でもまだ、浄土をそのように語る人もいます。仏法に基づかない、そのような勝手な解釈が横行している現状があるわけです。このように仏教における「成仏」だけでなく、そのための「浄土」も不明確となっているのが、近代化された真宗教学の問題点の一つではないでしょうか。

たとえば、「仏になるとは、本当の自分になることです」という標語が、堂々と掲げられたりしますが、私には何のことかわかりません。「本当の自分」とは何でしょうか。何が「本当の自分」かは、人によって様々です。その内容によって、仏教徒ともなり、キリスト教徒ともなり、あるいは無宗教者ともなるのです。そういう「本当の自分」という曖昧な表現によって「成仏」が語られ、分かったつもりにさせられているのです。「仏になるとは、本当の自分になることです」というだけでは、そこから仏法は響いてきません。

三　念仏成仏

したがって、この「成仏」いうことを大切にしている「念仏成仏の教え」という言い方のほうが、「本願念仏の教え」という言い方よりも、浄土真宗の教えを適切に指示しているのではないかと思います。といいますのは、この「念仏成仏」という言い方は、「念仏成仏是真宗」という「五会法事讃」の中の一句に基づいて、親鸞聖人は『教行信証』や『入出二門偈頌文』の中でも、ご和讃の中でも、「念仏成仏これ真宗」と詠われています。

ちなみに、この「念仏成仏是真宗」につきましては、『入出二門偈頌文』では、善導和尚《ぜんどうかしょう》義解《ぎげ》して曰《い》わく、念仏成仏《ねんぶつじょうぶつ》する、これ真宗なり、（中略）すなわちこれ円《えん》教《ぎょう》の中の円教なり、すなわちこれ頓教《とんぎょう》の中の頓教なり。（聖典四六六頁）

と讃嘆されています。円教とは完成された仏法ということで、その中の最も完成された教えであるということです。頓教とは、速やかに仏に成ることのできる仏法ということで、その中にあって、最も速やかに仏に成ることができる教えであると。また、私たちが慣れ親しんでいるご和讃では、『浄土和讃』（大経意）の中で、

念仏成仏《じょうぶつ》これ真宗　万行《まんぎょう》諸善これ仮門《けもん》
権実真仮《ごんじつしんけ》をわかずして　自然《じねん》の浄土《じょうど》をえぞしらぬ　（聖典四八五頁）

と詠われ、念仏成仏と自然の浄土との関係が明示されています。この他、『教行信証』において、

大小の聖人《しょうにん》・重軽《じゅうきょう》の悪人、みな同じく斉《ひと》しく選択《せんじゃく》の大宝海《だいほうかい》に帰して、念仏成仏《じょうぶつ》すべし。（「行巻」聖典一八九頁）

と、親鸞聖人によって述べられています。これは、『歎異抄』に「本願を信じ、念仏をもうさば仏になる」と語られている、そのことについての親鸞聖人ご自身の言葉であるといえます。したがって、浄土真宗の教えを標示する言葉としては、念仏して仏に成るという「念仏成仏」という方がより適切ではないかと思います。

また、『高僧和讃』（善導讃）の中で、

信は願より生《しょう》ずれば　念仏成仏自然《じょうぶつじねん》なり
自然《じねん》はすなわち報土なり　証大涅槃《だいねはん》うたがわず
（聖典四九六頁）

とも詠われています。この中では、念仏成仏と自然の報土（浄土）と真実報土と証大涅槃との関係が明示されています。これらの関係については、これからの話の中でお分かりいただけると思います。

二、「仏に成る」とは

一　あなたは仏様になりたいですか

このように親鸞聖人は、「念仏成仏」を浄土真宗の教えを表明している言葉として、たいへん大切にされていると伺うことができます。それでは、仏教の目的である「成仏」とはどういうことでしょうか。お寺の後継者の方々の研修会などで、「あなたは仏様に成りたいですか」とお尋ねしますと、「仏様に成りたいです」という返事はあまり返ってこないのです。多くの方々は、今までそういう質問を受けたことはなかったと驚かれるのです。ときには、「仏様に成りたいと思っている人がいるのですか」と吐き捨てるようにいう人もいます。浄土真宗が仏教であることを放棄しているのでしょうか。それだけではなく、ある若い住職から「仏様に成るということは、阿弥陀さまになるということでしょうか」と、とんでもない質問を受けて、そこまで分からなくなっているのかと驚きました。そういう現状があります。

このように、成仏ということについての仏教の基本が見失われてしまって、正確な意味が不明なままで「成仏」という言葉だけが残っているという、そういう問題を最近つくづく感じます。それで、仏教にご縁のある方にお会いすると、いつも「あなたは仏様に成りたいですか」とお聞きするのです。たとえば、親鸞聖人の教えに深い理解をされている著名な方がいっぱいいます。あるいは、『歎異抄』は大変有名な著書であり、識者は『歎異抄』を讃嘆しています。そういう方々に、「あなたは仏様に成りたいですか」とお尋ねしますと、「そんなことは当たり前でしょう」というお答えよりも、戸惑う方が多いのです。なぜなのか。仏道に立たずに仏道を讃嘆しているという、変な現象があるわけです。近代的な知性によって、頭だけで仏法を讃嘆しているのです。このことは、すでに申しましたように、私たち教団に属している者でも、仏道に立たずに仏道を自分の都合に合わせて勝手に解釈して、自分の生き方に利用しているという現状があるのです。

二　縁起の道理

それでは、仏教において「成仏（仏に成る）」とはどういうことなのか。そのことを確認しなければなりません。もとより仏教は、釈尊によって始まっています。釈尊はなぜ出家をされたのかといいますと、生老病死の苦悩から解放されて生きる者となりたいと、これが出発点です。この生老病死を苦悩として生きているのは、人間だけです。生まれて年を取り病気をえて死んでいくということを、なぜ苦悩として感じるのか。犬や猫などの人間以外の生き物は、生老病死に苦しみ悩むことはないでしょう。人間に生まれたがゆえに、年を取るのは嫌だ、病気になるのは嫌だ、死ぬのは嫌だと、苦しみ悩みながら生きているのです。そのように悩むのは人間だけです。

生老病死を苦悩と感じる基本は、私たちの日常生活の中でまん延しています。人間に生まれたがゆえに、人間だけがなぜこのように苦悩するのか。この苦悩を背負って生きなければならないのが、人間なのです。これが、人間に生まれたことの業による苦悩です。よく宿業ということをいいますが、宿業とは、まさしくこのように生老病死を苦悩とする人間だけが背負っている業が、基本となっているといえます。その人間の業苦から解放されて生きる者となりたいということが、釈尊の求道の基本であったといえます。

そして、釈尊は、生老病死を苦悩として生きている人間が、その苦悩から解放される「縁起《えんぎ》」という道理を発見され、それに基づいて覚りを成し遂げられて、仏と成られたのです。その釈尊によって明らかにされた、覚りの通り生きる者となりたいと、仏道を歩む者となるのが「成仏」ということです。このような「成仏」の基本が見失われているため、阿弥陀如来になることが仏様になるということですかという、とんでもない質問が出たりするのです。しかしそれは、その人だけの責任ではないのです。成仏ということが曖昧にされてきた、現在の近代化された真宗教学の責任でもあるのです。念仏をなんのために称えるのか。それは世の中を良くするためでもなければ、生きていく上での人間の苦悩をなくするためでもないのです。「世のため人のため」という、祈りのための念仏ではないのです。仏に成りたいから念仏をするのです。それが「念仏成仏」ということ、念仏によって仏と成るということです。このように「成仏」とは、人間の業を生きる己とは何かが明らかになり、生老病死を苦悩とする煩悩の原因がはっきりして生きる者となるということです。それが成仏ということです。そういう仏教の基本が忘れられてきた、あるいはそのことが等閑にされてきたということがあるのではないかと思います。

三、「成仏」における「覚り」とは何か

一 生かされている私

釈尊の覚りを一言でいえば、「縁起」という言葉で表現されている道理に基づいて明らかにされた境地です。その内容を分かりやすく言い換えれば、様々な因縁によって「生かされている私」でしかなかったという身の事実に目覚めることです。「縁起する私」でしかなかったという自己発見です。

それをさらに詳しく説明するならば、皆さん方もこう思っていませんか、「私がいて、私が生きている」と。「私が生きている」と、「私が歳を取る」と、「私が病気になる」と、「私が死ぬ」と。このように「私がいて、私が生きている」という、そういうことをごく当たり前のこととして、私たちはそのことになんの疑問も持たないでいるわけです。そして、いつまでも若くありたい、病気になりたくない、死にたくないと、その生老病死に苦悩しながら頑張っているわけです。その「頑張っている私」に束縛されて生きているので

す。それを自我の束縛というのでしょう。そのような束縛の中で、私たちは苦しみ悩んでいるのです。

考えるまでもなく、生まれたのですから、歳を取るのも当たり前ですし、ときには病気になるのも当たり前ですし、死んで逝くのも当たり前です。どうして苦しみ悩まなければならないのでしょうか。「頑張っている私」がいるからです。釈尊は、その「頑張っている私」とは何ものか、「私」という主体とは何ものかということを、問い詰められたわけです。そして、その結果、「私が生きている」のではなく、「生かされている私」であったという、その事実に「縁起」という道理に基づいて目覚められたのです。「私がいて、私が生きている」のではなく、ご縁のままに「生かされている私」であり、ご縁のままにしか生きられない私であると目覚めた人が「仏陀《ぶっだ》」です。目覚めたということは、自身の命の事実に気付いたということです。気付いたという言い方は、少し通俗的な軽い言葉の響きになりますが、ともかくも、目覚めたということは気付いたということです。そして、気付くということは誰でもありえるのです。

最近、日本人はすごく頭がいいものですから、ノーベル化学賞とか物理学賞とか、今度はノーベル医学・生理学賞ですか。特別な学問をして、頭がよほど良くないとノーベル賞はもらえません。私のような凡人には無理です。釈尊の目覚めとは、そのような難しいことではないのです。ノーベル賞をもらえるような特別な能力のある人、特別に勉強した頭のいい人でないと覚れない、目覚めることができないということではないのです。私たちが夜に寝て朝になったら目が開くのと同じように、目覚めたということです。ご縁があれば、目覚めることは、誰にでもできるのです。誰にとっても「等しく正しい覚り」です。それが釈尊の「等正覚《とうしょうがく》」ということです。勉強してもしなくても、頭が良くても悪くても、男であっても女であっても、若くても年寄りであっても、目覚めるご縁に出遇えれば誰でも目覚めることができる、それが「等正覚」です。釈尊の目覚めのことについては、いろいろな表現がありますが、親鸞聖人はそれを、「等正覚」という漢訳によって表現されています。

「私が生きているのではなかった。生かされている私であった」という自身の事実への目覚めが基本となっているのが、釈尊の覚りです。ガンジス川の砂の数ほどの、数え切れないご縁によって「生かされている私」であったと。「縁起する私」であったと。そのことに、釈尊は気付かれたのです。ですから、仏教は世界に広まったのです。ご縁に出遇えれば、誰でも気付けるからです。

二　難解となった覚り

ところが、そのことを、日本仏教では、中国仏教の影響もありますけれども、長い仏教の歴史の中で、釈尊の覚りはとてつもなく難しいことであるから、私たち凡人には分からないと、敬遠してきたわけです。浄土真宗においても、釈尊もその覚りも敬遠しているようです。日本の宗派仏教では、おしなべて釈尊は敬遠されているのでしょう。釈尊は二五〇〇年も昔の人であり、その覚りなどは、現在では分からなくなっているから、「私は覚った」といっても何を覚ったのか、その根拠もないということになります。そのために、釈尊の覚りとか、仏に成るとかということを問題にすることはできなくなっていると諦めているようです。ところが、明治以後の近代仏教学の学問の成果によって、釈尊の覚りとはなにか、成仏、仏に成るとはどういうことかということが、明確にされてきたのです。そして、その釈尊の覚りをすべての人たちに実現するために、菩薩たちの大乗仏教が興ったということも明かになっているのです。

親鸞聖人のおられた当時では、日本天台宗の伝教大師最澄《さいちょう》は、「三劫《さんごう》成仏」ということを説いています。「無限に長い時間修行して、はじめて覚ることができる」と説いているわけです。しかし、釈尊の覚りの智慧をいただかないで、どういう修行をするのでしょうか。どうして仏教徒といえるのでしょうか。

これに対して、真言宗の弘法大師空海《くうかい》は、逆に「即身《そくしん》成仏」ということを説きます。「現在のこの身体のままで、覚りを開いて仏に成る」と説かれるわけです。少しだけ説明しますと、身に印契《いんけい》を結び、口に真言《しんごん》を誦し、心に曼荼羅《まんだら》（本尊）を観じるという身・口・意の三密によって、大日如来（六大法身）と私たちの身体（六大所成）が一体となる唯物的な成仏のことです。これはインドの正統バラモン教における、「梵我一如」という解脱論と重なります。「梵《ぼん》」とは、宇宙の根本原理であり、「我《が》」とは一人ひとりの個人の本体であり、その両者が同一不変であるという思想です。親鸞聖人は、『愚禿鈔《ぐとくしょう》』の中で、この「即身成仏」を、

> 頓教《とんぎょう》について、また二教二超《ちょう》あり。（中略）
> 二超とは、
> 一には竪超《しゅちょう》
> 即身是仏、即身成仏等の証果なり。
>
> （聖典四二三～四二四頁）

と、頓教の中の竪超であると位置づけられています。竪超とは、自力という自我を頼りとして仏に成ることですが、それに対して、「念仏成仏」については、

二には横超《おうちょう》
選択《せんじゃく》本願、真実報土、即得往生《おうじょう》なり。
（『愚禿鈔』聖典四二四頁）

といわれるように、頓教の中の横超です。横超とは、阿弥陀如来の本願である他力によって仏に成るということです。このように、親鸞聖人は「即身成仏」を頓教（速やかに仏に成ることができる教え）として位置づけられていますが、これは生老病死に苦悩する人間の業と、それに基づく罪悪深重という「愚」の自覚に立つ衆生の側の問題が稀薄な証果といえます。この人間の側の業苦の問題については、これから詳しく明らかにしたいと思っています。ともかくも、釈尊の教えをいただいて、私たち一人ひとりが仏と成ることのために仏教があるのです。その最も基本的な「成仏」ということが明らかにされないままに、ぼやけてしまっているのが、真宗教学の近代化における重要な問題点であるといえます。

釈尊は、「縁起」という道理を発見され、それに基づいて「私が生きている」のではなく「生かされている私」であったという、私たちの命の事実に目覚められたのです。今か

ら二五〇〇年も前に。これはすごいことだと思いませんか。そういう自己への問いによって、私たちも仏に成るということが、基本となっているのが仏教です。これは他の宗教では、たとえば神の実在を前提とするキリスト教に代表される、そういう宗教では説かれていない教えです。様々な因縁によって「生かされている私」がただ今生きているのであると、そういう命の在り方をキリスト教が誕生する五〇〇年も前に釈尊は確認されたという、そこから仏教が始まったわけです。これはやはりすごいことだと思います。

三　輪廻転生とは

ところが、当時のインドの人たちの中には、釈尊の説法に同意しなかった人もいたのです。「生かされている私」などという、そのような主体性のない無責任な生き方は納得できない。「私の人生は、私の責任で生きている」のであると、主体的に「私が生きている」のだと、主体性を強く主張するのがインド人です。それはなぜかというと、インドの場合は、輪廻転生という生命観があります。この私が、現在の世でどれだけ善いことをしたか、どれだけ悪いことをしたかによって、それに見合った報われた未来の世への生まれ変わりがあると、そう信じているのがインド人です。釈尊の時代だけではなく、現代のインド人も、ほとんどの人がそのような輪廻転生を信じているでしょう。ですから、この世で一生懸命に善いことをして、次の世に生まれ変わったら、もっといい身分に生まれ変わりたいと思っています。そのために、私という主体がいないと困るのです。私が死んでも滅することなく存続する霊的な「私」が、存在しないと困るのです。死後に存続するそのような霊的な主体のことを、インドの伝統的な代表的な言葉でいえば、アートマンといいます。そういう輪廻転生を信じて、再び人間に生まれ変わりたい。そして、もっといい階級に生まれたい、もっと裕福な家に生まれたいと、そう思っている人たちにとっては、そのような霊的に存続する「私」という主体が存在しないといわれたら困るのです。それで釈尊の説法に同意できなかったわけです。

四、舎利弗の帰仏

一　舎利弗の疑問

釈尊の説法を聞いても、納得せずに立ち去った人がいたということが、初期経典の記述の中に見いだされています。「生かされている私」では困るのです。「私が生きている」ということでなければならないのです。そのために、釈尊の説法に同意できなかった人もいたわけです。ところが、同意できなかった人は別として、だんだん同意する人が増えてくるわけです。有名な話がありまして、釈尊の十大弟子の筆頭である舎利弗《しゃりほつ》という人を知っていますか。たとえば、『阿弥陀経』は、釈尊が舎利弗に説法している経典です。その舎利弗が、なぜ釈尊の弟子になったのかというエピソードが、初期の仏典の中に残されています。舎利弗は、釈尊が三十五歳で覚りを開かれたときには、すでに宗教家としてそれなりに活動をしていた先輩です。釈尊より歳上であり、宗教者として先輩でもある舎利弗が、なぜ釈尊の弟子になったのでしょうか。

舎利弗の先生というのは、六師外道の一人です。六師とは、釈尊の教えになんらかの影響を与えた六人の先生のことです。外道というのは、仏教以外の教えということです。劣った教えとか悪い教えという意味ではありません。仏教のことは、内道というのです。ちなみに、仏教では自らを「仏教」と名乗ったことはありません。仏教では、自らの教えを「内道・内法・正法」とか、単に「法」とも自称しています。「仏教」という呼称は、近代になって外部から名付けられたものです。したがって、仏教以外の教えは外道です。現代でいえば、キリスト教も外道です。しかし、釈尊の仏教になんらかの影響を与えたので、師であるといわれるのです。師とは先生という意味です。その六師の中の一人に、サンジャヤ・ベーラッティ・プッタという人がいますが、舎利弗はその人の下で、一緒に修行をしていました。この先生は、現世主義的な先生で、どういう先生かといいますと、たとえば、死んだら霊魂は残るのか、死んだら霊魂はなくなるのか、というような死後の問題について、そのことについては様々な見解があるので、死んでみないと分からないという、死後について懐疑的な人であったのです。死後に霊魂は存続するのか無くなるのかという問題は、輪廻転生にとっては大変重要な問題なのですが、そのような問いに対して懐疑的で、要するに死んでみないと分からないというのです。

これは現代の科学者も同じです。現代の科学者に聞いてごらんなさい。ノーベル賞をもらった人でもいいです。死んだらどうなりますかと尋ねたら、多分、死んでみないと分からないと答えると思います。これは科学者の知識の限界です。科学的な知識というのは、「経験的な実証に基づくこと」の上に成り立っているからです。経験的に実証されない事柄は、科学的な知識に入らないわけです。ですから、明日がどうなるかも、科学的な知識では分からないのです。

舎利弗は、これには困っていたのではないでしょうか。先生は科学的な知識の持ち主であるが、死んだら霊魂が残るか無くなるかは死んでみないと分からないという。このサンジャヤ・ベーラッティ・プッタという人のことを懐疑論者とか、あるいは、詭弁論者と名付けていますが、要するに、現代では科学者です。科学者は死後のことを問われたら困るのです。この世に生きていく上での科学的に正しい知識は説いてくれるけれども、死後に霊魂が残るか残らないかというような経験的に実証できない事柄についての問いに対しては、死んでみないと分からないというわけです。輪廻転生が常識となっている当時の社会であるのに、その問題に対する確かな答えが得られない。そのことに、舎利弗は不満を感じていたのではないかと思います。

二　アッサジとの出遇い

そのような疑問を持っていた舎利弗が、一人の修行僧に出遇います。その修行僧とは、釈尊が「初転法輪《しょてんぼうりん》」といわれている最初の説法で、かって苦行をともにした五人の仲間に対して最初の説法をされましたが、その中の一人であるとされています。これは有名な物語で、初期経典の中で何度か説かれています。舎利弗が道端にいましたら、一人の若い修行僧が歩んで来ました。その端正な身のこなし、作法にかなった足の運び、ゆっくりゆっくりと足下を見つめながら、虫などの生き物を踏み殺さないように注意しながら歩いてくるその若い修行僧を見て、舎利弗は直感するのです。あの者は若いけれども、いずれ人びとを導く立派な宗教者になるであろうと、そう直観するのです。それで舎利弗は、その若い修行僧を呼び止めるのです。彼の名前はアッサジ（馬勝・阿説示）といいますが、多分、初転法輪の五人の苦行者の中では、最も若い人ではなかったかと思います。舎利弗は、アッサジを呼び止めて尋ねるのです。「あなたの先生はどなたですか、何をお説きになっていますか」と尋ねるのです。そうしますとアッサジは、これも出典によって異なった説かれ方をしていますが、次のように答えるのです。「私の先生は、釈迦族の大沙門です」と答えます。ちなみに、ここに「釈迦族の大沙門」といわれていますが、この「釈迦族の」という言い方はカーストを示している表現です。それが「釈尊（釈迦族の尊者）」という呼称となっています。どうして種族名が釈尊の呼称となったのでしょうか。それもカースト社会のインドであったからなのでしょう。さらに続いて、アッサジは、「私は覚りを得て、まだ日が浅いので、きちんとしたお答えはできませんが、世尊はいつもこのように説いておられます。すべての存在は、因縁によって生まれ、因縁が欠けていけば消えていく、その因縁を詳しくお説きになっています」と答えるのです。釈尊の覚りの基本である「縁起」ということです。先生は、すべての存在は因縁によって生まれる、その因縁を説かれ、またその消滅もお説きになっているという、そのアッサジの言葉を聞いて、舎利弗がびっくりしたのでしょう。

死後の問題について、霊魂は残るのか無くなるのかなどと、そのことが分からずに悩んでいた舎利弗は、そんなことで悩んでいた愚かさを直観するのです。それで、釈尊から直接に説法を聞くという、そういうご縁がアッサジとの出遇いから生まれるのです。そして仏弟子となるのです。その同じ先生のもとに、もう一人いたのが目犍連《もっけんれん》です。目犍連も舎利弗に誘われて、釈尊の説法を聞いて、仏弟子になるのです。それで、サンジャヤ・ベーラッティ・プッタの下にいた修行者二五〇人を連れて、仏教教団に入ったのです。そのためにサンジャヤ・ベーラッティ・プッタは、腹を立てて憤死したと伝えられています。どこまで本当か分かりませんけれど、怒り狂って死んだと記録されているのです。舎利弗は、輪廻転生というインドの常識的な生命観の中で、死後の問題について迷って悩んでいたことがいかに愚かなことであったかということが、はっきり分かったのです。

また、浄土真宗の七高僧の最初の龍樹菩薩はバラモンの出身で、本来ならば祭祀をつかさどるカーストの身分でしたが、仏教徒になったのです。そのことについて、世の中にはいろいろな説法者がいっぱいいるけれども、「縁起を説きたまえる世尊」こそが最上のお方であると。「縁起」ということを説かれる世尊こそが最上の説法者であると、彼の主著である『根本中論偈《こんぽんちゅうろんげ》』という書物の「帰敬偈《ききょうげ》」において表明しているのです。「帰敬偈」というのは、仏教に対する帰依の心をもって、これからこの書物を書きますという、そのことを表している最初に掲げられている巻頭の大切な偈文です。その中で、「縁起を説きたまえる世尊」こそが、もろもろの説法者の中でもっとも偉大な説法者であると、そういうように釈尊に対する帰依を表明されています。バラモン階級の出身であった龍樹菩薩も、縁起ということを説いている釈尊の教えに出遇って、「私が生きている」のではない、「生かされている私」であるということへの目覚めを持たれて仏弟子になるわけです。このように、仏教を支えてきた偉大な先覚者たちの中には、かつては仏教以外の宗教の人も多いのです。代表的に取り上げましたけれども、舎利弗も龍樹菩薩も、もともとは違った宗教の人だったわけです。

五、ご縁が私になっている

一　釈尊と出遇った私

私は、お寺があまり好きではなかったのです。何とか田舎の寺の束縛から解放されて、自分の未来が輝く人生を歩みたいと、自分にはいろいろな可能性があるのではないかと、お寺に生まれたことを、不幸だと思ったことさえありました。今は北海道でも暖房設備は整っていますから本堂は暖かいのですが、昔は冬などは風や雪が入ってくる寒い本堂で、大きな火鉢を囲んで、男の人はオーバを着たまま、女の人は角巻をはおりながら、説法を聞いているのです。どうしてこんなところに来るのだろうかと思いました。楽しいことのようには見えませんでした。暗い本堂で説教を聞いて、何が楽しいのか。ところが、いつも必ず欠かすことなくお参りに来る人たちがいるのです。これは、私は子ども心に不思議でした。こんな暗い陰気なところによくも来るものだと、そのことが理解できませんでした。そんな私が、いまこうして話をしているのですから、ご縁とは不思議です。

父親から大谷大学に行け、他の大学に行く必要はないといわれて、大谷大学に入ったのが昭和三〇年です。北海道から上洛する時に父親から、「大谷大学に行って仏教を勉強しなさい。仏教を真剣に勉強して、それでも、このような教えは生涯をかけて学ぶべきものじゃない、自分の人生をかけるほどの教えじゃない、そう決めたら寺から解放してやる。青春時代の四年間などはあっという間だ、とにかく勉強しろ」といわれました。

それで、なんとかお寺から解放されたくて、そのために仏教を学んだのです。まんまと父親の策略に引っ掛かりました。ミイラ取りがミイラになったのです。そのとき初めて、私は父親に出遇ったという気がしました、父親の信念というものに。それまでは、生んでくれた父親ですけれども、仏教に出遇わせるために、息子から憎まれてもいいという、そういう父親に出遇えて、私は初めて親父《おやじ》という存在を確認したということがあります。

そして、大谷大学で山口益先生という無上の師に出遇ったのです。はからずも出遇ったのです。遇縁としかいいようがありません。大乗仏教という仏教の仏道体系に基づいて、親鸞聖人の教えを解明していくという、山口先生の学問に出遇ったのです。そして、その学問によって明らかになった親鸞聖人の教えこそが、私の生涯をかけて生きる基本であることを確かめるご縁となったのが、実は、先ほど申しましたご門徒の方々でした。欠かさず参詣し、暗い本堂で、あまり意味のない無駄話のような説教に、真剣に耳を傾けて聞いておられるご門徒さんたちに確かめたのです。

ご門徒さんのお家にお参りに行ったときに、どうしてあなたはお寺にお参りに来るのですかと、あの寒い冬のさなかでも、どうして欠かさずお参りに来るのですかということをお尋ねしたのです。そして、ご門徒さんを突き動かしている、深い悩み、あるいは喜びというもの、そういうことをお一人お一人からお聞きしたのです。ご門徒さんたちからいただいた答えは、生活や社会の問題などではないのです。すべては生死の問題でした。それが、大谷大学における仏教の学びと重なっていくということが確かめられたのです。このようにして、私の二〇歳代から三〇歳代にかけて、ご門徒の方々からご教化をいただいたのです。ご門徒の念仏者から、教化をいただいたのです。このことを通して、大谷大学での学びに自信を持ったのです。これはお寺の住職として生涯をかけるべき、私たちの生死の命を問う大変な教えであると確信したのです。

その頃から、真面目に布教使さんのお話を聞くようになりました。それまで、説教などなんの足しにもならないと思い込んでいました。真剣に聞くようになったとき、最初に引っ掛かったのは、ご縁をいただいて私は生かされていますと、そういう言葉が布教使さんからたびたび出るのです。ご縁をいただいて生かされている。これを聞いて私は、少し違和感を抱きました。ご縁をいただく私が先にいるのであろうか。そうじゃないと、釈尊は無我と、私はいないとお説きになっていると。ご縁をいただいて私は生かされているという言い方には、曖昧さがあり仏教から外れているのではないかと。そこで私は、ご縁をいただいて私が生かされているのではない、ご縁が私となってくれているのだと、ご縁が私を作ってくれているのだと。そういうことを確認したのが、私の最初の釈尊との出遇いであったといえます。

二　「縁起」を生きた人

釈尊の覚りの基本は、「縁起《えんぎ》」ということです。大谷大学で山口先生の下で仏教を学んだおかげで、これまでの浄土真宗における曖昧ないただき方が分かるのです。響いてくるのです。最初に申しましたように、「本願念仏」では曖昧なのです。何のための本願なのか、何のための念仏なのかが曖昧なのです。「成仏」という目的が示されなければ、浄土真宗は明確にならないのです。ご縁についても、ご縁をいただいて生かされているのではなく、ご縁が私となってくださっていると。最近では、このようなご縁のいただきが、真宗の教学においても通用するようになりました。ささやかな真宗教学改革ですが、仏教の根本につながる改革なのです。

実はこのことは、すでに妙好人といわれている浅原才市さんによっても明らかにされているのです。

ご恩おもえば　みなご恩
この才市もご恩でできました。
なむあみだぶつ　なむあみだぶつ。

（『妙好人の世界』参照、法蔵館）

才市さんは、ご縁をご恩と、より主体的に表現されていますが、「ご恩おもえば、みなご恩」と、都合のよいこともご恩であり都合の悪いこともご恩であり、すべてがご恩であると。そして「この才市もご恩でできました」という、これが素晴らしいのです。もし才市さんが「この才市も、ご恩をいただいて生かされております」とおっしゃっていれば、間違いではありませんが、曖昧な念仏者に止まってしまいます。「この才市もご恩でできました」とおっしゃっている、これが仏教に基づいたご縁ということのいただきなのです。

このように、私がいて私がご縁をいただいて生きているのではなく、数え切れないほどのご縁が私となってくださっていると。これが私の命の真実であると納得できた人は仏教徒であり、納得できない人は仏教徒ではないのです。ですから、ご縁をいただいて「私は生きている」と思いこんでいたけれども、ご縁をいただく私などがいるわけもなく、不可思議のご縁が私となって「生かされている私」でしかなかった。私は自分の力で生きているつもりでいたけれども、すべてはご縁のままであったと、そのことに目覚めた人は仏様です。「生かされる命、尊し」と命に目覚めた人はみんな仏様です。

六、覚ったからこそ修行する

一　仏弟子たちの修行

皆さんは、仏教の修行についてどのようにいただいていますか。これは中国仏教の影響だと思いますが、もし覚りを求めて修行すると思っているならば、それは厳密には誤りです。そうではなく、覚ったからこそ修行するのです。「発菩提心（覚りへの心を発《おこ》す）」ということはそういうことです。これが仏教の修行の基本です。覚りとは何かが分からないままに修行するのは、ゴールの分からないマラソンを走っているようなものです。ゴールがはっきりしているから、ゴールに向かって走るのでしょう。それが仏道なのです。これが初期仏教からの修行なのです。

いま残されている初期仏教のほとんどすべてが、仏に成ることを実現するための教えが内容となっています。ですから、仏に成るための必要条件が説かれています。その必要条件について、詳細なのが三十七菩提分とか三十七覚支といわれている内容です。これに対して、もっとも簡単なのが、戒・定・慧の三学です。これについて、次のように説かれています。

戒とともにあまねく修められた禅定は、結果も大きく利益も大きい。
禅定とともにあまねく修められた智慧は、結果も大きく利益も大きい。
智慧とともにあまねく修められた心は、愛欲の煩悩、生存の煩悩、見解に関する煩悩、無知の煩悩というすべての煩悩から完全に解脱する。

智慧なき者に禅定なく、
禅定なき者に智慧なし。
禅定と智慧を備えたる者は、
実に涅槃に近づけるなり。
（山口益編『仏教聖典』二八九頁参照、平楽寺書店）

ここに、智慧と禅定を備えて涅槃に近づくというのが仏道であることが明示されています。マラソンでいえば、ゴールという涅槃に向かって禅定と智慧を備えてコースを走るのが仏道であるということです。涅槃というのは、ニルヴァーナというサンスクリットの音写語ですが、消えて無くなるという意味、「消滅」という意味で、「寂静」とか「寂滅」というのが一般的な表現です。何が消滅するのかというと、生老病死に苦しみ悩む、その苦悩が消滅するということです。生老病死はご縁のままであったと、そのことがはっきりしたとき、生老病死に苦悩する「私」という存在が根拠を失い、ご縁ならばそのご縁のままに生きていこうという世界が開かれてくるのです。たとえば、病気になったとき、自分の力で何とか頑張って病気を治そうと努力しますが、どれほど努力してもなかなか思い通りにはならない病気に苦悩します。ところが、大乗の菩薩が病気になったら、命あればこそ病気になれたと、そのご縁を慶んで引き受けていく世界が開かれています。これが菩薩の精神です。生まれてこなかったら病気になれません。それがご縁のままに生きるということです。命があればこそ、病気というご縁も私となってくださった。ありがたいことですと、それをいただいていくのが菩薩です。病気は嫌だ嫌だといっていたら、苦悩するだけです。命あればこそ病気にもなれたと、それを引き受けていく、そこにご縁のままに病気から解放されていく世界が開かれていくのです。しかし、覚りを得ても、すぐにそのようになれないから、仏弟子たちは修行したのです。

釈尊のお弟子さんたちは、釈尊の説法を聞いて、「生かされている私」に目覚めたならば、生かされているご縁のままに病気にもなるし、歳も取るし、娑婆の縁が尽きれば命は終わっていくことは、当たり前で、それが自然な道理なのだと。そのことに目覚めたら、生老病死への苦悩が即座に消え失せ、苦悩がなくなって、ご縁に身を任せて生きられるはずです。ところが、相変わらず生老病死に苦しみ悩む自身が現にいるわけです。そのために、仏弟子たちは修行したのです。覚ったからこそ、その覚りが我が身のものとなっていないという現実、そのことを克服するために修行したのです。ここのところが、今までの日本の仏教では逆になっているのではないでしょうか。修行して覚るのであると、逆になっているから分かりずらくなり難解となっているのです。命の真実に目覚めたけれど、その真実の通りに生きていない自分自身がいるのです。だからこそ、真実の通りに生きる者となりたい、これが仏弟子たちの修行であったのです。覚ったからこそ修行したのです。ここのところが、日本仏教では逆になっているようです。覚りを求めて修行するという、ゴールが分からないマラソンのように、わけの分からない修行となって難行苦行となるのです。

覚りは、釈尊からいただくものです。私たちが自分の知識や思索で見いだすものではないのです。それは自我の計らいにすぎません。その釈尊の覚りをすべての人びとがいただけるように、さまざまな誓願をしているのが大乗の菩薩たちです。ですから、私たちが釈尊の等正覚に出遇うことなくして、私の仏教徒としての歩みは始まらないのです。その等正覚に出遇うということが、これまで曖昧にされてきたのではないでしょうか。このことは、浄土真宗もそうです。二五〇〇年も昔の釈尊の等正覚など分かるはずがないと、その意味が不明になってしまって、等正覚への問いを無視しているわけです。ともかくも、釈尊の覚りに出遇って、その通りですと同意して、うなずけばうなずくほど、どうにもならない私が現にここにいるのです。そのために、釈尊の弟子たちは修行したのです。ここのところを、きちんと確認しなければなりません。

ですから、ここに引用しました初期経典の仏道も、覚りを開いて涅槃に至ったとは説かれていません。「涅槃に近づけり」と説かれているわけです。まだ涅槃は実現できませんが、それを実現したいと願って生きる者となるということです。これが初期経典に説かれている、戒・定・慧という三学の関係なのです。

二　智慧なき信心はない

このことを、日本仏教の中で明確にしたのが道元《どうげん》禅師です。道元禅師の主著は、『正法《しょうぼう》眼蔵《げんぞう》』という有名な書物ですが、その最初の「辦道話《べんどうわ》」という序章の中で、道元禅師は次のように述べています。

すでに証（覚り）をはなれぬ修（座禅）あり、われらさいわいに一分の妙修を単伝せる初心の辨道、すなわち一分の本証を無為の地にうるなり。

（衛藤即応校注『正法眼蔵』上巻、六五～六六頁、岩波文庫）

と。要するに、覚りを求めて修行するのではない、覚りの一分を得たからこそ修行するのであるといっているのです。釈尊の覚りの一端をいただいたからこそ、修行しなければならないのであると、そうおっしゃっているわけです。そのことを、その「辨道話」の中に出てくる言葉でいえば、「修証一等」、座禅をすること（修）がそのまま覚り（証）の現れであるとか、「証上の修」、覚った上での座禅であると。釈尊の覚りの一端に触れたことの上に成り立っているのが、座禅なのです。覚りを自分の身に実現するための座禅であると。あるいは、「本証妙修」、覚りが本となって、妙なる修行・座禅があると。こういうことを、道元禅師はおっしゃっているのです。これが当時の顕密仏教という聖道門とは違った、真正な聖道門を提示した道元禅師の禅なのです。

　このように、釈尊の覚りによる智慧に出遇って仏道は始まるのです。親鸞聖人の念仏道も同じです。そのことについては、親鸞聖人が書写されている『弥陀《みだ》如来《にょらい》名号《みょうごう》徳《とく》』の中でも、阿弥陀如来の「智慧光」という名号について、次のように解説されています。

次に智慧光とまふす。これは无癡の善根をもてえたまへるひかり也。无癡の善根といふは、一切有情、智慧をならひまなびて、无上菩提にいたらむとおもふこゝろをおこさしめむがためにえたまへるなり。念仏を信ずるこゝろをえしむるなり。念仏を信ずるは、すなわちすでに智慧をえて、仏になるべきみとなるは、これを愚癡をはなるゝことゝしるべきなり。このゆへに智慧光仏とまふすなり。（真聖全二、七三五頁）

と。ここにも「智慧を習い学びて、無上菩提に至らんと思う心を起こさしめ、念仏を信じる心を得しめる」と解説され、そして、「念仏を信じるということは、すでに智慧を得て、仏と成るべき身となる」と解釈されています。ここにも明らかなように、釈尊の覚りである智慧を得てこそ、仏と成るべき身であることが明らかとなり、そこに念仏を信じる心が生まれてくることが明示されています。ここに「念仏成仏」ということの正しい意味が示されています。それは、念仏する功徳によって成仏という利益《りやく》があるということではなく、釈尊の覚りの智慧によって、すでに仏と成るべき身であることを明らかにいただいたから、そのことが本願によって説示されているから、それを信じて念仏するということです。仏恩報謝の念仏です。感謝の念仏です。そのことも、ここに明示されています。

釈尊の覚りに基づいて、智慧に目覚めてこそ、仏道は始まるのです。ですから、ゴールの分からない仏道によって覚るのではないのです。ともすると、近代の自我を基本とする私たちは、すでに提示されている釈尊の覚りと対面して聞思することなく、自分の知識や思索によって覚ろうとするのです。それは仏教の「独覚《どっかく》」と等しくなります。「他人の教えを聞かずに、自分独自の方法で覚る者」に陥ります。それは自我による邪見憍慢に他なりません。言葉は悪いけれども「下手の考え休むに似たり」となります。仏教において当初から、この「独覚」ということが問題にされてきたのはこのためなのでしょう。すでに釈尊という教主世尊の教えがあるのです。教主世尊として、帰依し、その教えにひたすら耳を傾けて、聞思して、そうでありましたと同意をしたところから、仏道は始まるのです。

七、現代の「絆」とは

一　命の絆（生死無常）

釈尊の覚りのことを、分かりやすく、簡単に申し上げてきましたが、東日本の大震災で絆《きずな》という事を盛んにいわれていますが、何となく場当りのように感じます。要するに、私とあなたの絆です。それは、助ける人と助けられる人の間で作られる絆であったり、被災された人たちの間で作られる絆のことです。このような絆は、ヒューマニズムによって成り立っています。しかし、釈尊は、私たちの存在そのものがご縁という絆の上に現にいま成り立っているということをお説きになっています。これから私とあなたとの力で絆を作るということではないのです。ヒューマニズムによって成り立っている私とあなたの絆は、それも大切ですが、残念ながら都合が悪くなったらいつでも切れてしまいます。そのような絆ではなくて、私たちは生まれたときから、もっといいますと、生まれる以前からご縁の中で生きているという絆です。ご縁という絆の中で、いま私の命が息づいているのです。それはどのような絆でしょうか。私たちは、ご縁のままに助ける者となったり、助けられる者となっているのです。いまは助ける者となっていても、ご縁のままに助けられる者ともなりうるのです。お互いにそのような命を生きているのです。諸行無常の命を生きているのです。生死無常の命を生きているのです。この大震災を機縁として、そのような私たちの命の絆にお互いが目覚めていく、そのことこそが本当の絆ではないでしょうか。それは私たちがお互いに生死無常の命を共に生きているという絆です。

今回の大震災で被害を受けられた方々が、いろいろなことをおっしゃっていますが、私はある高校生の言葉が忘れられないのです。それは、

「今まで当たり前だと思っていたことが、当たり前ではなかったということを教えられた」と。今回の大震災で、今まで当たり前だと思っていたことが当たり前ではなかったということを教えてもらったという、被災された高校生の言葉がありました。この言葉を聞いて、私はうれしかった。「今までは当たり前だと思っていたこと」とは、私には明日もあれば、明後日もある、それは当たり前だと思っていたということでしょう。しかし、一瞬の津波によって親を喪い、子を喪い、孫を喪っていくという現実を目の当たりにしたときに、そうではなかったということに、ご縁が尽きたなら、はかなく消えていく、そのような生死無常の世界を生きているのに、明日も生きている、明後日も生きているということは当た

り前で、そのことに何の疑いもなかったけれども、そうではなかった。明日はどうなるか分からない、ただ今の私がいる、これは大変な事なのだと。いま生きているということは、大変な出来事なのだという、そういう命に目覚め、そのことを教えてもらった。こういっているように、私は高校生の発言を受け取りました。その高校生が、どこまで仏教のことを勉強したか、仏教のことは何も知らないかもしれませんが、今まで当たり前だと思っていたことが当たり前ではなかったという、その目覚めに立ってこそ、共に生死無常の命をいただきながら、ただ今のこの瞬間を生きあっている者であるという、本当の絆が明らかになってくるのです。

二　明日のための命ではない

生きている人間同士の都合だけによる絆は、いつでも切れて失われます。それは儚い絆です。そういうことではなくて、もっと根源的に人間の力をわき立てるような絆、それを釈尊は「縁起」とお説きになったのです。縁起という関係性において、私たちのお互いの命はただ今ありえている。お互いがそうである。助けられる人がいるから、助ける者も成り立っているのでしょう。ボランティアといいますけども、ボランティアによって助けられる相手がいるから、ボランティアができるのです。そうしますと、ボランティアによって助けてもらった人だけが「ありがとう」ということではないのです。あなたのおかげでボランティアをさせてもらえます、「ありがとう」という世界も開かれるのです。お互いが感謝し合って、それが仏教でいう「仏仏相念」で、仏と仏がお互いに念じ合うこと、このようにもう少し絆というものを深めていくと、そういう仏教の教えがはっきりします。そういう意味で、今回の大震災を通して一人でも多くの人が、そういう本当の意味での根源的な絆に目覚めていただけたらということを思います。

テレビを見ていますと、ＮＨＫでは「花を咲かそう、明日へ」と、盛んに放映されています。それは震災に遭われた方々を励ますためにエールを送っているのでしょうが、花を咲かすこともなく命を失っていった多くの人たち、明日があるはずなのに明日を迎えることなく命を終えていった人が二万人程もいる、その人たちの命のはかなさへの眼差しをもって、もっと深い受け止めがあってもよいのではないかと思います。一瞬の津波によって、親を喪い、子を喪い、孫を喪った深い喪失感と悲しみに打ち拉がれている人たちにとって、「明日へ、明日へ」というこのエールはどのように響いているのでしょうか。それは本当の励ましとなっているのでしょうか。何か違和感を抱いているのではないでしょうか。確かな明日などはあるのだろうか、私たちの命とは何かと問う、そういう生死無常の命への眼差しをもっともっと大切にしなければいけないのではないでしょうか。明日という不確かな未来のために、今の命があるのだろうか、それだけのための命なのだろうかと。明日がどうなろうとも、ただ今の命は息づき輝いているではないかと。

「生かされる命、尊し」と、そのことへの目覚めを促しているのが阿弥陀如来の本願です。浄土真宗の各教団では、被災された方々に物資の支援をしています。それは大切なことです。しかし、その支援が単なるヒューマニズムに終わっているとすれば、残念なことです。今こそ、釈尊の覚りと向き合って「生死無常《しょうじむじょう》のことわり」を皆さんと共々に再確認する説法がなされなければならないと思います。そこにこそ本当の絆が明らかとなるのです。そのためにこそ、宗門は教団として世間に存在しているのではないでしょうか。

三　縁起する命

このように、生死無常の命を共に生きあっていることを明らかにしている、「縁起」という視点からの絆への確かめは他の宗教にはなく、釈尊の仏教だけです。「生かされている私」にとっての絆とは、「私がいてあなたがいる。あなたがいて私がいる。私がいなければあなたもいない。あなたがいなければ私もいない。そのような関係の中で、私は私として生きている。あなたはあなたとして生きている。したがって、私とあなたが同時に単独に存在しているわけではない」ということです。このように、釈尊の「縁起」という絆のことを表現されたのが龍樹菩薩です。

ところで、釈尊によって発見された「縁起」という道理について、私を私たらしめているご縁をすべて取り去ったらどうなるでしょうか。何も残らないのです。それを龍樹菩薩は「空《くう》」と説かれたのです。サンスクリットでは、「ゼロ」という意味です。それを漢訳で「空」と訳したのです。ですから、「仏教徒は、己がゼロであることに目覚めよ」というのが龍樹菩薩の教えです。ゼロなのに今生きている。ご縁のままに命を賜っている。なんとすごいことかと。本来ゼロであってしかるべきこの私が、今、ご縁のままにこの命を生きている。そういう命への感動を持って生きる者になれ、これが釈尊から龍樹菩薩へと続いている仏教の基本思想です。釈尊は、ご縁が私となっているとおっしゃった。それを引き受けて、己はゼロである、私など本来何もないのだと、そのことに目覚めて生きる者になれと、逆の立場から教えて下さっているのが龍樹菩薩です。そして、本来的なゼロの世界のことを「涅槃」、すなわち「寂滅」というのです。それに対して、さまざまなご縁が私となっている世界を、「生死」というのです。よく生死即涅槃ということが説かれますが、その場合、生死というのは縁起の世界のことです。さまざまなご縁によって成り立っている世界が、生死の世界です。それこそが娑婆の世界です。しかし、ご縁によって成り立っている世界ですから、私を私たらしめているご縁のすべてが尽きてしまえば、私の存在はゼロになるのです。本来的には私はゼロなのです。ご縁が寂滅していく世界が「涅槃」です。それを龍樹菩薩は、「空」と説かれたのです。言い換えれば、「生死即涅槃」は「縁起即空」ということです。「色即是空《しきそくぜくう》・空即是色《くうそくぜしき》」と『般若心経《はんにゃしんぎょう》』に説かれているのも同じことです。そういう私たちの身の事実を明らかにしたのが、覚り（等正覚）ということの基本です。

八、生死とは

一　生死と浄土

「生死即涅槃」ということの「生死」とは、生まれて死ぬ生物的なこの世の存在のことのように思われるかもしれませんが、単にそういうことだけではないのです。その生死という世界は、どのようにして成り立っているのかといえば、人間にとっては「生きていたい、死にたくない」という思いによる煩悩、すなわち生老病死を苦悩とする煩悩によって成り立っている世界です。それを仏教では、「生死」と説くのです。このような「生死」という見定めは、キリスト教にはあるでしょうか。現実の世界を「生死」と押さえているのは、仏教だけではないでしょうか。「生きていたい、死にたくない」という煩悩の中に閉塞している生き方を、仏教では「生死」と説いたのです。ちなみに、この「生死」という漢訳は、普通「輪廻」と漢訳されるサンサーラという原語に対する訳語です。それが時として「生死」と漢訳されているのです。サンサーラは、「生存の循環・不断の連続」という意味で、そこには「生死」という意味は直接的にはありませんが、それを漢訳では時には「生死」と訳されているのです。これも勝れた漢訳だと思います。輪廻とは、「生死」に対する強い執着によって連続している世界に他ならないからです。その生死に愛着して、生死の長く続くことを願って、長寿を祝って生きているのが私たちですが、実は、その生死は本来的には空なのです。その本来的に空であるという在り方を、浄土といっているわけです。「生きていたい、死にたくない」という人間の分別によって成り立っている生死が、浄められ消し去られた世界、「縁起」する生死を生きながらそれがひっくり返った「空」の世界が浄土であり、その内実が涅槃なのです。人間に生老病死の苦悩をもたらしている分別がない、分別から解放された無分別の世界、そういう涅槃の在り方を、人間の思いが浄められて浄らかになった世界として、「浄土」というのです。

「浄土」という用語には、二重の意味があります。「浄かな世界」という静的な世界と、人間の思いが浄められていく世界、すなわち、人間の分別を「浄める働きのある世界」という動的な世界と。それは、浄らかになった世界という完了形と、浄められつつある世界という現在進行形と、この両方の意味を含んでいるのが「浄土」という言葉であるといえます。言い換えれば、静的な智慧の世界と動的な慈悲の世界のことを、「浄土」と説いているのです。智慧と慈悲を内実としているのが浄土です。ちなみに、智慧を象徴しているのが勢至菩薩であり、慈悲を象徴しているのが観音菩薩であり、その両方を内実としているのが阿弥陀如来であり、その世界が極楽浄土です。

このように、「浄土」という語には、智慧と慈悲という二重の意味が含まれていますが、それが涅槃の世界です。龍樹菩薩の言葉でいえば空の世界であり、それは同時に人間の分別が空じられていく世界です。このように、私たちは縁起的存在であると同時に、本来的には空的存在であるということを基本としているのが釈尊の等正覚です。

このような涅槃・空である浄土の世界と、生死・縁起である娑婆の世界の両方に身を置いているのが私たちです。そのことについても、浅原才市さんは、次のようにみごとに表現しています。

才市はどこに居る
浄土もろうて娑婆に居る
これが喜びなむあみだぶつ

（『妙好人の世界』参照、法藏館）

二　生きる力をいただく

釈尊の覚りによって明らかになった命の事実に頭が下がり、同意しながら、そのようには生きていない己の現実があるのです。それは、どうしてなのかという問題です。いろいろな思いで私たちは、喜怒哀楽・愛憎違順の日常生活を送っています。そのような生活から解放されて、ご縁に身をまかせて悠々と生きる者となりたいのです。しかし、「私が生きている」と思っている間は、そのようにはなれません。「私がいて、私が生きている」と思っているときは、自分の都合のいいときは生きる力がわいてくるのですが、都合が悪くなると生きる力が失われてしまい、時には自殺するということにもなります。生きる力がなくなるのです。「私が生きている」という思いの中で頑張っている場合は、都合のいいときは生きる力がわいてくるのですが、都合が悪くなったら、もうどうしようもないと、最後には死ぬしかないと諦めてしまう。日本において経済的な高度成長が終わって、思うようには生きられなくなって、自殺する人が増加したのも、こういうことではないかと思います。

しかし、ご縁のままに、ご縁が私となって、私の命が瞬間、瞬間ありえている。私の力などは塵垢《ちりあか》ほどもない、みんなご縁のままであると。そこに腰を据えたら、どんな境遇にあろうが、キリスト教の結婚式での誓いの言葉でいわれるように、「健やかなときも、病めるときも」生きる力がわいてくるのです。生かされているという命の真実に立ったならば、言葉は悪いけれど、ご縁のままに野垂れ死にするまで生きなければ勿体ないという気力がわいてくるのです。

娑婆《しゃば》の縁《えん》つきて、ちからなくしておわるとき
（『歎異抄』第九章、聖典六三〇頁）

まで生きようじゃないか。せっかくのご縁だからと。そういう不思議な活力が出てくるのです。ですから、桜の枝のようにぽきんと折れないのです。仏法に出遇った者は、柳の枝のように風に身をまかせ、しぶといのです。自分の力で生きていると思っていると、自分の力ではどうにもならなくなったら駄目になってしまい、桜の枝のようにポキンと折れてしまうのです。ところが、釈尊の「縁起」という教えに出遇ったならば、今を生かされていることがどんなに素晴らしいことかという感動を持って、それを深めて生きる者となっていくとき、世界が輝いてくるのです。自分の思い通りに生きようとして、自分で生きていると思っていると、思い通りになっているときは光っているかもしれないけれど、思い

通りにならなくなると暗くなるのです。

このことについて、たとえば、次のように表現されています。教育新潮社という親鸞聖人の教えを基本とした教化冊子を刊行している出版社があります。かつて私も、依頼を受けて何度か執筆したことがあるのですが、そこから贈られてきた冊子に添えられている短冊の中に、

「念仏は、自我崩壊の響きであり、自己顕現の産声である」

というのがありました。「私」という自我が崩壊すれば、それに基づいて仮設されている理性は根拠を失います。理性が根拠を失えば、それに基づいている倫理や道徳も不確かなものとなります。「私がいて、私が生きている」という自我が「縁起」という道理によって根拠を失えば、それによって成り立っているとされている理性に基づいた倫理や道徳なども砂上の楼閣となります。そのとき、「生かされている私」という自己が顕現してくるということでしょう。そこに自我に基づいた理性主義から解放されて、ご縁のままに「生かされている私」を生きていく仏道が開かれてくるということです。それが『歎異抄』第十八章に語られているように、「(世間における)善悪のふたつ総じてもって存知せざるなり」(聖典六四〇頁)と覚悟して、「如来のおぼしめす」ままに生きる念仏道であるということでしょう。善悪無碍という念仏成仏の世界が開かれてくるのです。

自我に基づいた理性を前提として確立されているはずの倫理や道徳が、崩壊を繰り返している昨今の人間社会を毎日のように目の当たりにするとき、それらが確かな根拠を持たない、人間はそのようでなければならないという人間に対する空しい願望でしかないことが知らされます。そのような思い込みから解放されて、釈尊の覚りに同意して、ご縁のままに善も悪もいただいて生きる者となる仏教徒が一人でも多かれと願ってやまないのは、私だけではないと思います。

九、菩薩の誓願

一　誓願はなぜ可能か

釈尊の説法を聞いて、覚りを得て、覚りの通りに生きる者と成りたいと、修行を続けたのが仏弟子でした。そのように、釈尊の説法を聞いて、覚りを得て、仏に成りたいと願った者は、一人残らず仏に成れる道を明らかにしたのが浄土思想です。特別な修行をしたり、特別な能力があったり、そういうことに関係なく、仏に成りたいと願ったならば、すべての人が仏に成れるように、成仏せしめていくという道筋を明確にしたのが、大乗仏教の中の浄土思想です。

浄土思想というのは、大乗仏教の初期から説かれていますが、仏に成りたいと願う者は、修業をしようがしなかろうが、頭がよかろうが悪かろうが、そういうことには関係なく、必ず仏に成さしめるという誓願を立てたのが大乗の菩薩たちです。ここに大乗仏教の基本があるのです。そういう菩薩たちが登場してくるのが、大乗仏教の特徴です。その中にあって、仏に成りたいと願ったならば、必ず仏に成れる道が開かれている、その道筋をきちんと示して誓願されているのが法蔵菩薩の誓願であり、それに基づいているのが浄土思想です。菩薩はいろいろな誓いを立てますけれども、基本的には、「私はいつでも仏に成ることができるけれども、仏に成りたいと願って成れない者がいる間は、私は仏に成らない」という、これが大乗仏教における菩薩の誓願の基本です。『無量寿経』に説かれている法蔵菩薩だけではなく、もっと広い意味での菩薩の誓願の基本です。

それでは、菩薩はなぜそのような誓願を立てることができたのでしょうか。願望としての理想を語ったのでしょうか。単なる誇大妄想なのでしょうか。実現できそうもない法螺を吹いているのでしょうか。自分の夢を物語っているのでしょうか。そうではないのです、そのような無責任なことではないのです。時には、菩薩たちには慈悲の心があったから誓願したのであるというように説かれたりしますが、そのような曖昧なことではないのです。そこには、そのように誓願できる確かな根拠があるから誓願できたのです。それはどういうことかといいますと、菩薩たちは、仏に成りたいと願いながらも煩悩にまみれて生きている私たちの命の本質を見抜いていたからです。生老病死に苦悩する人間の業を見つめていたからです。

なぜなら、「私がいて、私が生きている」という思いから離れられずに、なんとか自分の思い通りに生きようとする、思い通りに生きることが最高の幸せだと思っているのが私たち人間です。しかし、そのように思っていても、ご縁のままにしか生きていないというのが身の事実です。迷っていても迷っていなくても、縁起的存在であるという、同じ地平に立っているという事実です。自分の思い通りに生きているつもりであっても、そうではないのです。ご縁のままにしか生きていないのです。それなのに、自分の思い通りに生きたいと、頑張って苦しみ悩んでいるのが私たちです。しかし、ご縁のままに「生かされている私」がいるだけであるという事実、この身が縁起的存在であるという事実は、私たちも釈尊と同じです。共に同じ地平に立っているのです。そのことに目覚めた菩薩たちは、堂々と自信教人信に立って誓願したのです。

二　釈尊を信じて涅槃にいたった仏弟子

私たちは縁起的存在であるという目覚めとしての等正覚がベースになっているとき、私たちの命は必然的に必ず私を私たらしめていたすべてのご縁が寂滅した、涅槃（大涅槃）にいたるのです。そういう命の真実に、釈尊の説法を聴聞して目覚めた者は、縁起的存在であるという自身の事実を確認した者は、すべて必ず涅槃にいたるのです。そういうことを確認して、誓願を立てたのが菩薩たちです。無責任な誓願ではないのです。この世にいる限り、命ある最後の瞬間まで、死にたくないと苦悩して生きていても、縁起的存在は必ず涅槃にいたります。そのことを、きちんと確認していたのが菩薩たちです。

最も古い初期経典の一つとして、『スッタニパータ』という経典があります。釈尊の直説が、かなり多く含まれているといわれている経典です。その『スッタニパータ』の最後の章「彼岸に至る道（彼岸道品）」を、注意深く読み込んだ論文があります。それによりますと、歳老いた仏弟子ピンキヤが釈尊に訴えるのです。私はもう歳を取り、肉体も衰え修行もままなりません。死を待つばかりです。それなのに私は、涅槃の境地にいたることができません。また再び輪廻の世界に生まれ変わって、修業を続けなければならないのでしょうかと訴えるのです。ここには、輪廻転生が常識となっているため、その束縛から脱し切れずに、自らが縁起的存在であることを信じつつも、それを疑ってしまうインド人の苦悩を伺うことができます。その彼に対して、釈尊は、あなたは必ず死後に涅槃にいたります。この世で涅槃を実現できなくても、命を終えれば涅槃の世界へといたることができます。私のいうことを信じなさいと説かれたのです。それで、その歳老いたお弟子さんは大変喜ばれて、生涯を閉じられたということが説かれているのです。このように説かれていますが、それは、再び輪廻に生まれ変わって修行を続けなければならないという、そういうことではないということです。釈尊の覚りをいただいた者は、縁起的存在であるという身の事実に目覚めた者であるから、この世で涅槃が実現できなくても、命を終えるときに必ず涅槃にいたります。そのことを信じなさいと、釈尊はおっしゃったのです。それでその歳取ったお弟子さんは喜んで、釈尊の言葉を信じて命を終えていったということです。釈尊を信じて涅槃にいたったのです。

私たちは、阿弥陀如来の本願を信じて涅槃にいたるのです。縁起的存在であるということは、必ず涅槃にいたる存在であるからです。そのことを分からずに私たちは、たとえ分かっていても、自分の思い通りに生きようとして苦悩しているのです。私の思い通りに生きようとして苦悩しているこの私も、覚りの通りに苦悩から解放されて生きる人も、ともに縁起的存在です。同じなのです。ですから、菩薩たちは自信を持って、「私はいつでも仏に成ることができるけれども、仏に成りたいと願って成れない者のいる間は、私は仏に成らない」という誓願を堂々と立てることができたのです。この知見に立って、菩薩の誓願はありえているのです。

十、法蔵菩薩の誓願

一　大乗のなかの至極

菩薩の誓願が、『無量寿経』において、法蔵菩薩の誓願として、極めて具体的な内容で表明されているのです。そこには、阿弥陀如来の浄土、極楽世界に往生して必ず涅槃が実現されるという道筋が、具体的な内容として説かれているからです。仏に成りたいと願う者であるならば、それが実現されるというその道筋を明らかにしているのが、法蔵菩薩の誓願です。他の菩薩たちの誓願では、その道筋がはっきりと示されていないのです。仏に成りたいと願う者が仏に成れないでいる間は、私は仏に成らないと誓いを立てるのですが、そこには、仏に成りたいと願う者のすべてをどのようにして仏に成らしめるかという、具体的な道筋は説かれていないのです。ですから、親鸞聖人は『高僧和讃』（曇鸞讃）の中で、

安楽《あんらく》仏国に生《しょう》ずるは　畢竟成仏《ひっきょうじょうぶつ》の道路にて

無上の方便《ほうべん》なりければ　諸仏浄土《じょうど》をすすめけり

（聖典四九三頁）

と詠われています。「安楽仏国」というのは、阿弥陀如来の極楽浄土のことです。その浄土に生まれるということは、そこにおいて必ず成仏の完結である滅度（大涅槃）が実現され、究極の仏に成ることができるための「道路」であると。

それは、命尽きるその瞬間まで「生きていたい、死にたくない」と苦悩し、生死を出離できないでいる私たち凡夫に残されたただ一つの方便であって、それ以外に道はないのです。それが「無上の方便」ということです。それ以外に道があるとすれば、生きている間に、自分の力で涅槃を実現しようと精進することもできるでしょう。しかしそれは、人間の業に束縛されて生きる私たち凡夫には実現不可能です。そのような私たちのために、法蔵菩薩の誓願は、私たちを極楽浄土に往生せしめ、そこにおいて成仏の目的が完結された大涅槃を実現せしめるという道路が示されている。それこそが無上の方便であるといって、さまざまな菩薩たちの誓願によってありえている諸仏たちが、阿弥陀如来の安楽仏国への往生を勧めているのです。これが『無量寿経』に説かれている法蔵菩薩の誓願ですから、そのことを親鸞聖人は「大乗のなかの至極」（『末燈抄』聖典六〇一頁）といわれているのだと思います。

　このように、私たちが仏に成りたいと願う心を持ったならば、必ず仏に成さしめていく道が与えられている、それが阿弥陀如来の本願として説かれているのです。その本願は何に基づいて成り立っているのかといいますと、立脚地は、私たちが縁起的存在であるという命の真実に目覚めさせられた地平、そこに立たなければ本願は成り立たないのです。そのところを、今まで誰もおっしゃらないのです。それでは仏道とはならないのです。最初から本願から始まっているのです。それでは仏道とはならないのです。最初から本願だけなのです。本願からの本願とは何に基づいているのですかと問うと、訳の分からない難解な説明となります。そ智慧から慈悲へという仏道体系において本願はありえているのです。時には、本願とは人間に備わっている根源的な願いであるなどという、仏道とは関係のない意味不明な説明をする方もいます。親鸞聖人はそのような意味不明なことはどこにもおっしゃっていません。そのような釈尊の等正覚に基づかない勝手な思索は、そんな話になってしまうのです。何のために本願があるのか。それは、釈尊の覚りを私たちに実現するために説かれているのです。そういうことが、『歎異抄』第十二章の、

　本願を信じ、念仏をもうさば仏《ぶつ》になる。（聖典六三一頁）

という、端的な言葉の中身です。

二　他力の信心とは「無根の信」

『歎異抄』では、「本願を信じ」といわれていますが、このことについても、よくいわれるのは、自分で信じるのではない、本願力という他力によって信心をいただく「他力の信心」であると。それはそうなのだけれども、そのような言い方には、自分で信じるという「自力の信心」があるという思い込みがあるのです。自力の信心などは、もともとないのです。すべては縁起的存在であり、すべては他力です。生きていること自体が「生かされている私」ですから、他力によってありえているのです。不可思議なご縁が私となって「生かされている私」なのですから、その私に信心が生まれたということは、ご縁のままでしょう。ご縁が私の信心となってくださったということです。「私」という存在は、本来的にありえないのですから、私の力で信心が私に生まれたわけではないです。すべてがご縁のままに他力です。ですから、私の上に本願を信じる心が生じるとすれば、それはご縁によってそうなっているのです。自力でもって本願を信じるということは、ありえないのです。自力があると錯覚しているから、「自力の信心」はいけないなどというわけです。

そのようにいう人は、多分、他力の信心に出遇っていないのでしょう。本願に出遇って本願が私となってくださったから、私に信心が芽生えたのです。そのことを『涅槃経』では、「無根の信」と説いています。根が無いのに、信心の花が咲いたということです。「縁起的存在」であるという目覚めがないために、「無根の信」であるのに「自分で信じる」とか「私が信じる」ということをいうわけです。私の上に芽生えた信心は、他力ではないと思っているのです。仏法に出遇い、釈尊の等正覚に出遇い、そして、仏に成りたいと願うならば、そのご縁のままに、そこに信心が芽生えるのです。釈尊の覚りに出遇わなかったら、私に信心など芽生えません。仏法に出遇い、そうでありましたと頭が下がり、そうなりたいと願う心が与えられたから、そこに信心が生まれてくるのです。たとえば、親鸞聖人は、『唯信鈔文意《ゆいしんしょうもんい》』の中で、

この信心のおこることも、釈迦《しゃか》の慈父《じふ》、弥陀《みだ》の悲母《ひも》の方便《ほうべん》によりて、おこるなり。これ自然《じねん》の利益《りやく》なりとしるべしとなり。（聖典五四九頁）

と明確に述べられています。それが「如来よりたまわりたる信心」（『歎異抄』第六章、聖典六二九頁）です。

そういうことを親鸞聖人は、最初に示しましたご和讃の中で、「信は願より生ずれば」とおっしゃっているのです。親鸞聖人は、盛んに「自力のこころ（心）」という言い方はされますが、「自力の信心」という言い方は一度もされていません。「自力の信心」とは、「自力による信心」ということですが、そのような信心はもともとありえないからです。「信心」は他力によって成り立っているからです。親鸞聖人は、「自力のこころ」とか「自力之心」という言い方をされているのがほとんどです。それは仏法に出遇う以前の「自力があると思う心」ということでしょう。

仮名の聖教の中には、「自力の信」という言い方が三度ほどありますが、それだけです。それは「自力の心」によって「自力の信」があると錯覚しているだけです。このように、親鸞聖人は「自分のこころ（心）」とか「自力の信」のことを決して「信心」とはおっしゃっていないのです。私の信心は、本願から生まれてきている「無根の信」です。本願をいただいた瞬間から、それを信じる心が本願によって与えられているのです。それが「信心」です。私が信じるわけではないのです。ですから、「念仏成仏自然なり」と。念仏して仏に成るということは、「おのずからしからしむ」と、自然にそうなるのです。そこに願生浄土、浄土に生きる者となりたいと願う願生心が湧いてくるのです。願生の世界が開かれてくるのです。

　したがって、往生浄土ということは、これは縁起的存在にとっての道理・原理です。その道理に出遇って、浄土に往生する身であるという道理に出遇って、それに背き続けている者であればあるほど、浄土に生きる者となりたいと願わずにはいられない者となる、それが願生浄土という、浄土を願生するということです。往生浄土という道理に目覚め、それが主体的に自覚されたのが、願生浄土という自覚です。釈尊の覚りに出遇いながら、生老病死に苦悩する人間の業のために、それに背いて生きているからこそ、浄土を願生せずにはいられないのです。

十一、愚鈍の身と知らされる

ところで、釈尊の覚りによって、私たちは自分が縁起的存在であることに目覚めても、目覚めた通りに生きていない自己の現実に直面するのです。ここが問題です。覚った通りに生きられない人間の業を背負っているのです。覚った通りに生きられたら、何の問題もありません。ところが、「生かされる命、尊し」という教えに目覚めれば目覚めるほど、そのようには生きていない自分が現にいるわけです。これを自我の束縛というのでしょう。親鸞聖人は、この事実を「煩悩成就の凡夫」（『教行信証』「証巻」聖典二八〇頁）とおっしゃっています。それは「私は悪い人間だ」とか、「善いこともできないで、自分勝手な悪いことをしているから、私は凡夫だ」という自己反省とは違うのです。自己反省とは、命の真実に出遇っていないところでの単なる自我の内省にしかすぎません。自分の思い通りにならない自我自身の、自分に対する内省でしかないのです。釈尊の覚りに導かれて、「生かされている私」という身の真実に出遇いながら、それに背いている私であると思い知らされたのが、「煩悩成就の凡夫」という自覚です。背いて生きていることを「罪悪生死の凡夫」ともいいます。これが仏教における罪の意識、悪の自覚です。これが親鸞聖人における「愚」ということです。

命の真実に出遇って、その真実に同意して「そうでありました」と頭が下がりながら、そうはなっていない自分の現実を罪であり悪であると悲嘆しているのです。それが、親鸞聖人における「愚」の自覚ということです。浄土真宗の「真宗教団連合」が、毎年「法語カレンダー」を作っていますが、今年のカレンダーの中に、「仏智に照らされて、初めて愚鈍の身と知らされる」（二〇一三年六月）という法語があります。これが仏教の基本です。「念仏成仏」ということの中身です。しかし、この法語は、その基本となっている「仏智」とは何か。仏様の智慧とは何か、釈尊の等正覚とは何かが明確でなければ、「仏智」という言葉の意味が確認されないままに意味不明な法語となってしまいます。「仏智」という仏教用語が使われていても、それは言葉だけが空虚に使われていることになります。

釈尊の覚りによって命の真実があきらかになったのに、その仏法に背いて生きている自身の在り方を心の底から悲嘆されたのが、善導大師の「機の深信」といわれている有名な言葉です。それは、

自身は現にこれ罪悪生死《ざいあくしょうじ》の凡夫《ぼんぶ》、曠劫《こうごう》より已来《このかた》、常に没《もっ》し常に流転《るてん》して、出離《しゅつり》の縁《えん》あることなし。

（「信巻」聖典二一五頁）

という、非常に感銘深いお言葉です。「自身は現にこれ」と自身の現実に立って、「罪悪生死の凡夫」であると。「生きていたい、死にたくない」という人間の煩悩によって、生死に愛着し束縛されて「生死」に固執して生きている、そのことこそが罪悪であると。それが凡夫ということです。「生死」とは何かということについては、すでに確認しましたように、凡夫とは、その「生死」に「常に没し常に流転して」いる存在、すなわち、「生死から離れることを厭い、常に生死に愛着し、その中に身を置いて居たい」と、死を遠ざけて生きている人間の在り方です。それを罪悪というのです。ですから、生死から解放されていく「出離の縁」は、私にはまったくないのであると、善導大師はご自身を悲嘆されたのです。

このように生死に愛着し、その中に埋没して、生死の連続を願う私は、「曠劫より已来」、何時とはしれず遥か昔より、命の流れの中で人間として生まれたがゆえに、現代の言い方では、人間としての遺伝子を受け継いで生まれたがゆえに、その業から抜け出ることのできないでいる自身を「出離の縁あることなし」と悲嘆され、ご自身を「罪悪生死の凡夫」といわれたのです。

十二、凡愚と誓願不思議

一　誓願不思議

私たちのような、最後の一息まで「生きていたい、死にたくない」という思いで命を終えていく「罪悪生死の凡夫」においても、仏に成ることが実現されるということは、私たちの常識ではやはり不思議なことです。それなのに、共に仏に成ろうではないかと誘う菩薩の誓願に出遇って、本願を信じる心をいただくことによって、そのことが実現されるという、それを誓願不思議というのです。このような、凡夫が仏に成るということは、世間の常識ではあり得るはずがないからです。このことについては、『唯信鈔』（聖典九一九頁）の中で、「能令瓦礫変成金（能《よ》く瓦礫《がりやく》を変じて金と成《な》さしめる）」という比喩をもって説明されています。菩薩の誓願によって凡夫が仏に成るのは、石、瓦、礫が金に変成するようなものであると、そのように誓願不思議が説明されています。石や瓦や礫は、どんなに磨いても金になりません。これは世間の常識です。それなのに金になるとは、なんと不思議なことであろうかと。これが誓願不思議ということなのです。

この比喩について、親鸞聖人は『唯信鈔文意』(聖典五五三頁)の中でも詳しく説明されています。その中で、「いし・かわら・つぶてのごとくなるわれら」とおっしゃっていますが、それは「凡夫なる我ら」ということです。罪悪生死の凡夫・煩悩成就の凡夫ということです。

このことについては、時には、「いし・かわら・つぶてのごとくなるわれら」というのは、支配者階級に支配され差別され抑圧されている人びとのことであると解釈されたりしていますが、それはいかがなものでしょうか。そうではないでしょう。このような解釈は、終戦後に盛んであったマルキシズムの影響を受けたときになされた解釈といえます。いいすぎになるかも知れませんが、この解釈には、田舎の人びとは貧しくて、可哀想な生活をしていて、都の人は豊かで恵まれた生活をしているという現代的な差別意識が、無意識にはたらいているのではないでしょうか。最近の歴史研究によっても、親鸞聖人も越後で貧しい生活のために、自分で畑を耕したりしていたというのではなく、周囲の人たちとの交わりの中で、それなりの生活をしていたことが明らかにされています。ですから、親鸞聖人が、「いし・かわら・つぶてごとくなるわれら」とおっしゃったのは、あくまでも仏道に立っての凡夫ということです。凡夫という在り方を、「いし・かわら・つぶて」に譬えておられるのです。

具体的には、商いをしたり、奉公をしたり、猟・漁をして生活している者、そのことのみに明け暮れている者たちのことです。飲食のためだけに生活している、そういう凡夫の生活をしている私たちであっても、本願によって仏に成れる、これほど不思議なことがあろうかと、そのことを『唯信鈔文意』において、親鸞聖人は、この比喩を分かりやすくお示してくださっているのです。

二「たすけられる」ということ

この誓願不思議については、たとえば、『歎異抄』第一章の劈頭に、

弥陀《みだ》の誓願不思議《せいがんふしぎ》にたすけられまいらせて、往生をばとぐるなりと信じて念仏もうさんとおもいたつこころのおこるとき、すなわち摂取不捨《せっしゅふしゃ》の利益《りやく》にあずけしめたまうなり。（聖典六二六頁）

と述べられています。この最初の一文をどのように了解しているかによって、私は『歎異

抄』を読めているか読めていないかがはっきりすると思います。「弥陀の誓願不思議」ということは、本願によって凡夫が仏に成るのは不思議であることを指しています。それはもうお分かりかと思います。その次に、「たすけられまいらせて、往生をばとぐる」ということは、どういうことでしょうか。この世の社会的な問題や生活の苦しさから助けられるということでしょうか。そうではなく、仏に成りたいと願って生きる者が、仏に成れるように助けてくださるのが本願であるということです。仏に成りたいと願う者が、成仏できるように助けてくださる、そういう意味です。それが「往生をばとぐる」ということです。親鸞聖人が、比叡山での二十年間の修業を捨てて、法然上人に出遇われたときに、最初に、

ただ念仏して、弥陀にたすけられまいらすべし　（『歎異抄』第二章、聖典六二七頁）

という言葉に出遇われたわけです。これが仏に成りたいと願っても仏には成れないと絶望していた、親鸞聖人に対する言葉であったわけです。

ここに述べられている、「たすけられまいらすべし」についても、これも同じです。仏に成りたいと願う者は、ただ念仏すれば仏に成れるように助けてくださるのが、本願であ

るということです。私たちは、愛憎違順や喜怒哀楽の苦悩、人間に生まれたがゆえの生老病死の苦悩から解放されて生きる者になりたいという願いを持ったとき、その時、釈尊の等正覚に出遇い、仏に成りたいと願って生きる者となり、仏に成れるように助けてくださる本願を信じる身となるのです。

この『歎異抄』について、真宗十派のある宗派のご住職方の研修会で講義をさせていただくご縁がありました。その時にあるご住職さんが吐露されました。そのご住職さんは次男でして、お寺は長男さんが継がれ、自分はお寺に関係がないということで、大学は理科系に進み、その方面の研究所に勤めていたそうです。そうしたら、お兄さんがお亡くなりになり、お寺の後を継がなければならなくなり、仏教について勉強しなければならなくなったときに、手っ取り早く、多くの人が讃嘆している『歎異抄』から勉強しようとしたのです。そして、第一章を読み始めたら何が書いてあるのか理解できないので、第二章から読み始めたら少し分かった。「おのおの十余か国のさかいをこえて、云々」（聖典六二六頁）というのも何となく分かる。悪人正機ということも何となく分かる。聖道の慈悲もそのとおりだ。「親鸞は弟子一人ももたずそうろう」（聖典六二八頁）ということも、何となく分かる。そして、『歎異抄』を何度も読み返し、いろいろな参考書を読みながら、第一章を読めるようになるのに十年かかりましたといわれました。

この第一章は、「念仏もうさんとおもいたつこころのおこる」仏道に立たなければ意味が不明なのです。ここには、私たちの日頃の常識と関わる言葉はないからです。それに対して、第二章以後は、私たちの常識とかかわり、それを刺激する言葉が組み込まれていますから、何となく分かったような気分になるのです。しかし、一番大事なのは、第一章の「弥陀の誓願不思議にたすけられまいらせて、往生をばとぐるなり」という一文です。この意味が明確になれば、後の章は読まなくてもいいくらい大事なのです。

十三、成等正覚　示現滅度

一　覚りの二重性

最後に、親鸞聖人が、釈尊の覚りと念仏との関係について確認していることを、取り上げておきたいと思います。それは、『仏説無量寿経』の最初の方で、釈尊の伝記に倣った菩薩の生涯が抜粋的に華麗に説かれていますが、その最後のところに、

等正覚《とうしょうがく》を成り、滅度《めつど》を示現《じげん》す（成等正覚　示現滅度）（聖典四頁）

とあり、「覚りを成しとげ、身をもって滅度をお示しになった」と説かれています。『無量寿経』の異訳本である『無量寿如来会』にも、

仏道を成じて、涅槃に入ることを見す（成仏道　見入涅槃）（真聖全一、一八五頁）

とあり、「仏となる道を成しとげ、目の当たりに涅槃に入られた」と説かれています。これは「釈尊は三十五歳のときに等正覚を成しとげられて、八十歳で入滅されるときに、身をもって目の当たりに滅度（涅槃に入ること）をお示しになった」と解読すべき一文です。ここには、覚りについての二重性が表明されています。すなわち、「覚り」と「覚りの完結」という二重性です。このように浄土経典において、等正覚という覚りと、その覚りの完結である滅度（入涅槃）という、覚りについての二重性が説かれていることは、非常に意味深いことです。これまでは、誰もこのことをはっきりと指摘していません。釈尊であっても、生身の人間です。釈尊は、自身が覚られた等正覚の通りに、完璧に涅槃を実現した生涯を送られたのでしょうか。生きているときに、生死に対する何の分別も持たずに生きられるはずはありません。ですから、釈尊ご自身においても、「覚り」と「覚りの完結」という二重性があることを、浄土経典が説いているのです。「生かさるる命、尊し」という目覚めは、三十五歳のときに成しとげられたが、「生かさるる命、尊し」という目覚めによってもたらされる涅槃が完璧に実現されたのは、釈尊であっても八十歳で入滅されたときであると。浄土経典において、このように説かれていることは、きわめて大事な記述なのです。ですから、初期経典において、釈尊が入滅されるときの最後の旅の記録である経典が、『大般涅槃経《だいはつねはんぎょう》』（大いなる完全な涅槃を説く経典）と名付けられているのです。

二　釈尊と念仏者

『無量寿経』に説かれている四十八願の中の第十一願、これは『教行信証』「証巻」の所依となっている往相回向の本願です。すなわち、私たちが仏に成って往くための本願です。親鸞聖人はそれを「必至滅度の願」とか、「証大涅槃の願」と名付けられています。このような願名からも明らかなように、この願文の中に覚りの二重性が説かれているのです。それについて、「証巻」では、この第十一願が、『仏説無量寿経』と、その異訳本である『無量寿如来会』とによって提示されています。

『仏説無量寿経』では、

定聚《じょうじゅ》に住し、必ず滅度《めつど》に至る　（聖典一七頁）

という内容で説かれ、『無量寿如来会』では、

等正覚《とうしょうがく》を成《な》り、大涅槃を証する　（真聖全一、一九〇頁）

という内容で説かれています。同じ願文でありながら、一方では、「正定聚の位に住し、必ず滅度に至る」とあり、他方では、「等正覚を成し、大涅槃を証する」とされています。このように内容が表現的に相異していますが、『仏説無量寿経』の「必ず滅度に至る」という「滅度」とは、サンスクリットでは、マハーパリニルヴァーナですから、それは大般涅槃のことです。ですから、滅度と大涅槃は同じ意味です。そうしますと、相異しているのは、『仏説無量寿経』では「正定聚」と説かれ、『無量寿如来会』では「等正覚」と説かれていることです。正定聚とは「現生に正定聚の位に住する」ということで、念仏者の位です。等正覚とは釈尊の覚りのことです。このように、念仏者の正定聚と、釈尊の等正覚というように、両経におけるこの願文の内容が相異しています。

この相異を根拠にして、親鸞聖人は『御消息集《ごしょうそくしゅう》』の中に収められている性信《しょうしん》坊に宛てたお手紙の中で、次のように述べられています。

> 信心をえたる人はかならず正定聚《しょうじょうじゅ》のくらいに住するがゆえに、等正覚《とうしょうがく》のくらいともうすなり。いまの『大無量寿経』に、摂取不捨《せっしゅふしゃ》の利益《りやく》にさだまるを正定聚となづけ、『無量寿如来会《むりょうじゅにょらいえ》』には、等正覚ととき給えり。その名《な》こそかわりたれども、正定聚・等正覚は、ひとつこころ、ひとつくらいなり。等正覚ともうすくらいは、補処《ふしょ》の弥勒《みろく》

とおなじくらいなり。弥勒とおなじく、このたび無上覚《むじょうかく》にいたるべきゆえに、弥勒におなじとときえり。（聖典五九一頁）

ここに、念仏者の正定聚の位は、釈尊の等正覚の位と同じであるとおっしゃっています。そうしますと、「生きていたい、死にたくない」といって、命尽きるまで煩悩に悩まされて生きる者でも、本願を信じる念仏者であるならば、現生において正定聚の位に住するが故に、それは釈尊の等正覚と同じ位であると。このように、親鸞聖人は指摘されています。正定聚は等正覚と同じ心、同じ位であると。ここのところが、非常に大事な了解であると思います。

親鸞聖人は、釈尊の等正覚に出遇って、仏に成りたいと願って生きる者となった念仏者は、それは正定聚の位に住する者であり、必ず滅度に至る。大涅槃を証得する道が、すでに与えられていると、この第十一願に基づいて確認されているわけです。等正覚を成し遂げた釈尊も、本願を信じて生きる者である正定聚の念仏者も、共に一つ心であり、一つ位であると。そして、等正覚の釈尊も正定聚の念仏者も、次に必ず仏に成って無上覚（滅度・証大涅槃）にいたると約束されている、一生補処の弥勒菩薩と同じであると言い切っておられるのです。釈尊と私たち念仏者とは、同じ仏道に立っている者であると言い切られた親鸞聖人の了解は、これまで説明してきましたように、基本的には私たちも釈尊と同じ「縁起的存在」であるという命の真実に対する目覚めの上に成り立つのです。釈尊の覚りとは何であったかということがはっきりすれば、そのことは極めて明快なことです。決して、親鸞聖人の独断ではないのです。このことを、親鸞聖人は、『正像末和讃』の劈頭に、明快に詠っておられます。

弥陀《みだ》の本願信ずべし　本願信ずるひとはみな
摂取不捨《せっしゅふしゃ》の利益《りやく》にて　無上覚《むじょうかく》をばさとるなり
（聖典五〇〇頁）

このように、「念仏成仏」とは、現生正定聚の位に住する念仏者は、等正覚を成した釈尊と同じであり、証大涅槃という無上覚を覚る者として、阿弥陀如来の本願によって定められているということです。したがって、「念仏成仏」の念仏は、そのことに対する感謝の念仏であり、仏恩報謝の念仏です。念仏によって成仏するのではなく、必ず成仏する身であることを歓喜し信じる念仏です。

以上のように、「念仏成仏」ということについて確認させていただきました。何らかのご参考になればと思います。

あとがき

最近は、なんのために僧侶となり住職となっているのか。そのことが、浄土真宗の教団においても、世襲制が主となっている伝統がある教団であるために、かえってぼやけてしまっているようです。もとより、生活のためだけで住職になっているのではないでしょうが、改めて、何のために僧侶となり住職となっているのですかと問われると、その問いに対する明快な応答ができない人が多くなっているというのが実情のようです。

仏教では、聖道門とか浄土門とかといわれていますが、そのいずれであっても、仏教の目的は「成仏」です。仏に成りたいと願って生きる者が、仏教徒です。浄土真宗においても、成仏という目的に向かって縁ある人びとと共に、それを願って生きているのが僧侶であり、住職であるという、「念仏成仏」の生活について、きわめて基本的なことを確認したいと思いました。

二〇一三年四月三〇日に、東京の築地本願寺にて、真宗教団連合東京支部の主催する「宗祖親鸞聖人七百五十回忌――教団連合四十周年記念大会・東京支部十周年記念大会――」における小生の記念法話が、『あなたは仏様になりたいですか――念仏成仏これ真宗――』という冊子として、真宗教団連合東京支部から刊行されました。それを改めて大幅に加筆し、補訂したのが本書です。

本書の編輯にあたっては、何時も適切な助言をいただいている和田真雄氏と、法藏館編集部の秋月俊也氏のお世話になりました。心からお礼もうしあげます。

また、表紙絵については畠中光享画伯の手を煩わしました。相変らずのご芳情に感謝しています。

最後になりましたが、本書の出版を引き受けてくださいました法藏館代表取締役西村明高氏に謝意を表します。

二〇一四年五月三〇日

小川一乗

小川　一乗（おがわ　いちじょう）
1936年、北海道に生まれる。
1965年、大谷大学大学院博士課程満期退学。大谷大学学長、真宗大谷派教学研究所所長を歴任。
現　在、大谷大学名誉教授、真宗大谷派講師、真宗大谷派西照寺住職、文学博士。
著　書　『インド大乗仏教における如来蔵・仏性の研究』『空性思想の研究』『仏性思想』『五如理論』『大乗仏教の原点』『さとりとすくい』
以下、法藏館より『大乗仏教の根本思想』『仏教からの脳死・臓器移植批判』『仏教に学ぶいのちの尊さ』『慈悲の仏道』『仏教からみた「後生の一大事」』『仏教からみた往生思想』『小川一乗講話選集』（全3巻）、『親鸞と大乗仏教』『小川一乗仏教思想論集』（全4巻）ほか多数。

仏教からみた念仏成仏の教え

二〇一四年九月二〇日　初版第一刷発行

著　者　小川一乗
発行者　西村明高
発行所　株式会社　法藏館
京都市下京区正面通烏丸東入
郵便番号　六〇〇-八一五三
電話　〇七五-三四三-〇〇三〇（編集）
〇七五-三四三-五六五六（営業）

印刷　中村印刷株式会社・製本　清水製本

ISBN 978-4-8318-9029-0 C0015

小川一乗先生の本

仏教のさとりとは　釈尊から親鸞へ	二、二〇〇円
仏教からみた「後生の一大事」	三四〇円
親鸞と大乗仏教	一、〇〇〇円
縁起に生きる　小川一乗講話選集1	一、八〇〇円
平等のいのちを生きる　小川一乗講話選集2	一、八〇〇円
いま人間を考える　小川一乗講話選集3	一、八〇〇円
お浄土はいのちのふるさと	一、〇〇〇円
慈悲の仏道	一、五〇〇円
真宗にとっての「いのち」とは何か	一、〇〇〇円